AF250665

SOUVENIRS

DE LA

FAMILLE CHÉTELAT

---

22 AVRIL 1872.

SOUVENIRS

DE LA

FAMILLE CHÉTELAT

50me ANNIVERSAIRE

DU

MARIAGE DE NOS PÈRE & MÈRE

LE 22 AVRIL 1872

Allocution de M. l'abbé HEUQUEVILLE, curé de Sainte-Marie, à l'église de Saint-Vincent-de-Paul, avant la messe.

Vers composés pour cette circonstance, par M. PAUL CHÉTELAT, professeur au collége de Juilly.

Souvenir de la Saint-Antoine de 1869 ; vers composés par M. EMMANUEL CHÉTELAT, professeur au collége de Bordeaux.

PARIS

IMPRIMÉ PAR CHARLES CHAUMONT

6, RUE SAINT-SPIRE, 6.

ALLOCUTION

DE

M. L'ABBÉ HEUQUEVILLE

CURÉ DE SAINTE-MARIE,

A L'ÉGLISE DE SAINT-VINCENT-DE-PAUL,

Avant la Messe.

CHERS ET VÉNÉRABLES AMIS,

Si, dans les fonctions d'un sacerdoce qui touche aussi à la cinquantaine, il a été des moments pénibles, si notre ministère a été soumis à de cruelles épreuves, si la bénédiction de Dieu que nous donnions n'a pas toujours trouvé des cœurs bien préparés, il y a eu de grandes consolations, que nous avons recueillies aux pieds des saints Autels.

Oui, souvent nous avons pu dire avec le Roi-Prophète : *Beati qui timent Dominum, qui ambulant in viis ejus.* « Bienheureux ceux qui craignent le Seigneur, qui marchent avec fidélité dans la voie de ses commandements. »

Que je suis heureux, chers amis, de voir ces paroles si bien réalisées dans la sainte union que vous renouvelez en ce jour devant Dieu, après cinquante années !

Oui, c'est bien à vous qu'on peut appliquer la suite de ce magnifique chant du Psalmiste : *Uxor tua sicut vitis abundans in lateribus domus tœu.* « Votre épouse sera dans votre maison comme une vigne féconde et abondante. » « Vos enfants, comme un magnifique plan d'olivier autour de votre table. » *Filii tui sicut novellæ olivarum in circuitu mensæ tuæ.*

Ce ne sont pas seulement ces paroles prophé-
tiques qui reviennent à mon esprit ; j'ai sous les
yeux ce touchant tableau.

Voyez autour de vous, époux chrétiens, ces
deux générations qui vous font cortége , ces
enfants, ces petits-enfants, fruits d'une union
vraiment chrétienne, qui, du pied de l'Autel, vont
aller s'asseoir à la table des bons patriarches, et
former cette couronne d'olivier. Aujourd'hui que
nos cœurs s'écrient, dans un sentiment de recon-
naissance : *Sic benedicetur homo qui timet Dominum.* « Ainsi sera béni l'homme qui craint le
Seigneur ! »

Ah ! depuis cinquante années, nous avons été
bien souvent l'heureux témoin des vertus de ces
deux chefs d'une famille si nombreuse !

Souvent, le Seigneur, avec les grâces du ciel,
accorde aussi à ses enfants les biens terrestres, en
leur réservant un bonheur plus parfait qui n'est
pas de ce monde. Il vous a été donné de les rece-

voir, ces biens de la terre, mais quelle modestie dans le succès! Quelle patience à supporter les tristesses d'ici-bas; car il en faut toujours en ce monde, même pour les justes! Quelle mansuétude dans les rapports avec tous! Quel amour pour la conciliation! Quelle charité pour les pauvres!...

Pardonnez-moi, amis bien chers, de dire publiquement ici, ce que votre modestie cherche à cacher dans le secret de votre intérieur; mais je me rassure : ce que je dis tout haut, cette nombreuse assemblée le dit tout bas, et de tous les cœurs s'échappe cette parole : « C'est vrai! »

Ah! que de si beaux exemples ne soient pas perdus, chers enfants, vous qui êtes arrivés à la maturité de l'âge et vous qui avez quitté l'adolescence pour entrer dans la jeunesse pleine d'avenir; n'oubliez jamais ceux qui sont sous vos yeux depuis si longtemps : *Inspice, et lu fac similiter.* « Regardez, et faites de même. »

Et vous, chers petits-enfants, qui formez une

guirlande si radieuse et si fraîche autour de vos
grands-parents , que cette solennité laisse une
profonde impression dans vos jeunes âmes , si
capables de recevoir la semence de la vertu.

Ah ! c'est le plus bel héritage que puissent vous
léguer, et ce grand-père dont l'existence a été,
sous le regard de Dieu, une carrière de probité,
de dévouement et de foi, et cette grand'-mère,
dont la douce piété a étendu ses ailes sur le foyer
domestique.

Pour moi, mes bons amis, que vous avez envi-
ronné depuis si longtemps des témoignages d'une
si douce et si constante amitié, laissez-moi vous
remercier. Vous m'avez toujours regardé comme
un membre de votre famille, c'est un souvenir
qui restera à jamais gravé dans mon cœur
sacerdotal.

Je vais monter au saint Autel; j'y serai l'inter-
prète, auprès de Dieu, de tous les vœux que font
en ce moment vos nombreux amis, nous deman-

derons au Seigneur qu'il prolonge deux exis-
tences si chères à tous, et qu'il daigne réunir
un jour, dans un monde meilleur, cette grande
famille chrétienne, si digne de son amour pour
le temps et pour l'éternité.

HEUQUEVILLE,

Curé de Sainte-Marie.

À mon Cousin et à ma Cousine

ANTOINE CHÉTELAT

POUR LA

Cinquantième Année de leur Mariage

—————◦◇◦—— — —

Sur ces époux, unis dans la sainte espérance,
Cinquante ans ont passés comme un songe flatteur,
Cinquante ans de vertus, d'amour et de constance,
Cinquante ans de bonheur !

Pour le rare laurier dont le Ciel les couronne,
Pour leurs jours consacrés à ton culte incessant,
Pour cette joie, enfin, qui, sur nos fronts rayonne,
Merci, Dieu Tout-Puissant !

Ah ! lorsqu'un jeune couple à l'autel se présente,
Brillant d'attraits, de grâce, et d'esprit et de fleurs,
Et que l'anneau sacré, d'un nœud qui les enchante,
    Va serrer ces deux cœurs.

Dans la postérité, perspective inconnue,
Entrevoit-il, rêveur, ce soir délicieux
Où toute une famille, à sa table venue,
    Lui présente ses vœux ?

    Hymen ! ta chaîne est légère,
    Ton joug est plein de douceur
    Pour l'âme pure et sincère
    Qui t'abandonne son cœur.
    C'est pour elle que sont faites
    Les félicités parfaites,
    Qu'au monde on ne connaît plus,
    Mais que, pour leur récompense,
    Dieu répand en abondance
    Dans le sein de ses élus !

    De tout bien, le souverain Maître
    Nous donna la longueur des jours.
    Qu'il est doux de se voir renaître
    Dans les doux fruits de ses amours !
    Approche, image aimable et chère,
    Ma fille, et vous tous, mes enfants,

Approchez de votre vieux père
Pour embrasser ses cheveux blancs!
Et toi, ma bonne et vieille amie,
Par qui mes jours sont tissus d'or,
Aimons-nous toute notre vie,
Toute la vie !... Après, encor ! ·

PAUL CHÉTELAT,

Professeur au collége de Juilly.

LA SAINT-ANTOINE

1869

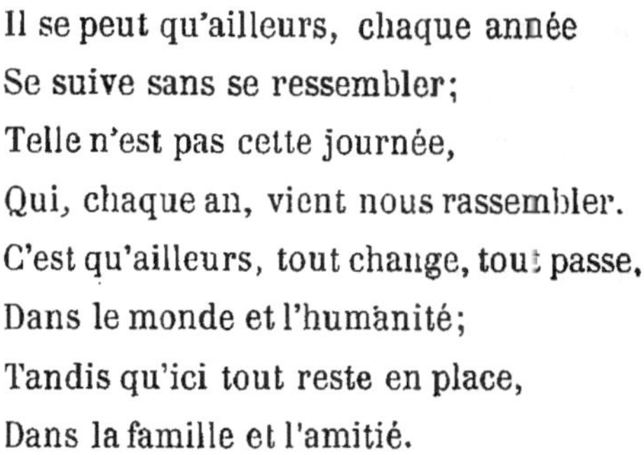

Il se peut qu'ailleurs, chaque année
Se suive sans se ressembler;
Telle n'est pas cette journée,
Qui, chaque an, vient nous rassembler.
C'est qu'ailleurs, tout change, tout passe,
Dans le monde et l'humanité;
Tandis qu'ici tout reste en place,
Dans la famille et l'amitié.

Voyez, combien la mode entraîne
D'excès tour à tour triomphants :

Chapeaux qui vous couvrent à peine,
Cheveux d'emprunt ébouriffants.
Mais quand cette mode, qu'on aime,
Change tout de la tête au pied,
La nôtre demeure la même,
Dans la famille et l'amitié.

Voyez Paris : à neuf remise,
Sa face change tous les jours,
Son pavé se macadamise,
Des squares sont ses carrefours;
Mais, si l'on démolit la liste
De mainte rue en maint quartier,
Celle de Rivoli persiste
Dans la famille et l'amitié.

Voyez en politique, comme,
Tantôt grec, tantôt musulman,
On conteste le Pape à Rome
Et Constantinople au sultan.
Abandonnant au roi de Prusse
L'Allemagne, en tout ou moitié,
Nous restons Français sans astuce
Dans la famille et l'amitié.

Voyez même comme à la guerre
Change la gloire du drapeau,

Depuis que le fusil à pierre
Cède à l'aiguille, au chassepot.
Chez nous, toujours propre au service,
Le vieux cœur, nullement rayé,
Nourrit son feu sans artifice
Dans la famille et l'amitié.

Voyez aussi ces faux prophètes,
Libres penseurs, Voltairiens,
Ayant vécu comme des bêtes,
Voulant mourir comme des chiens.
Loin que tout cela nous convienne,
Tant de matière fait pitié;
Nous gardons notre foi chrétienne
Dans la famille et l'amitié.

Tandis qu'aujourd'hui, la musique,
Craignant de voir son temps fini,
Pleure sur sa gloire lyrique
Disparue avec Rossini ;
De l'art divin de ce génie,
Notre cœur, modeste héritier,
Garde notre bonne harmonie
Dans la famille et l'amitié.

Ici me vient en souvenance
Un autre nom : Rothschild n'est plus ;

C'était le roi de la finance,
C'était l'empereur des écus.
Mais sa richesse peu commune
N'aura pour nous rien d'envié,
Nous qui plaçons notre fortune
Dans la famille et l'amitié.

Enfin, au ciel de notre histoire
Un plus grand astre s'est éteint ;
Berrier, qui de l'art oratoire
A le plus haut triomphe atteint.
Aux nobles sentiments fidèle,
Il vit dans l'immortalité.
Des nôtres qu'il soit le modèle
Dans la famille et l'amitié.

Daigne, saint Antoine, sourire
A ce jour providentiel,
Et plus tard nous introduire,
Amis et parents, dans le ciel !
Mais déjà, de ce doux mystère,
Du bonheur dans l'éternité,
Sentons l'avant-goût sur la terre
Dans la famille et l'amitié.

EMMANUEL CHÉTELAT,
Professeur au collége de Bordeaux.

PARIS. — IMPRIMÉ PAR CHARLES CHAUMONT, 6, RUE SAINT-SPIRE.